Thorvald Berthelsen:

Present absence

Ausencia presente

Translated into Spanish by Gloria Galindo
Translated into English by Thorvald Berthelsen

CYBERWIT.NET® in India—HIG 45 KAUSHAMBI
KUNJ, KALINDIPURAM, ALLAHABAD - 211011
(U.P.) India.

ISBN: 978-93-90601-29-5

Printed at Thomson Press India Limited.

The eruption of the glass wing
In dreams just
under the eyelid we reach
into each other

The moment melts down
through clocks - over time
straight in the eye

The memory of tomorrow
found in a liquid stream
that never stops

Through the breath of skin
the stained glass of the wing vibrates
in windless eruptions

The variegated glimpses
of blind spots just before
another Big Bang.

La erupción del ala de cristal
En sueños justo bajo el párpado
cuando nos encontramos

El ahora se derrite a través de los relojes
con el ojo puesto en el tiempo

El recuerdo de mañana
está en la corriente líquida
que no se detiene

A través del jadeo de la piel
el ala de cristal vibra **ardiente**
en erupciones quietas

Los variados destellos
de puntos ciegos justo antes
del otro Big Bang.

Frost breath
Frost-cracked foundation
the hard nest of songs
clouds of breath

Aliento escarchado
Cimientos agrietados por la escarcha
duro nido de canciones
nubes de aliento

On cat paws
The dup of cat paws
down the felt of remembrance
captures the present

En sigilo
En sigilo a tientas
cuesta abajo por el filtro de los recuerdos
captura el presente

Dawn
By the flare of the flame
the text fades into the blue
the sound of dawn

Crepúsculo
Al flameo de la llama
se desvanece el texto en el
sonido azul del anochecer

Besides itself
The haiku isn't
itself. It constantly passes
on the word

Fuera de sí
El Haiku no es
en sí mismo. Pasa
constantemente la palabra

Counter confusion
The free word isn't
the eagle's sharp lightning strike
but Denmark's Black Sun[1]

Contra la confusión
La palabra libre no es
el rayo agudo del águila
sino una bandada de Sol Negro danés[2]

---

[1] "Sort sol" (Black sun) is a natural phenomenon in the swamps of southwestern Jutland, Denmark. Large numbers of migratory starlings congregate each spring and autumn arriving from or moving to wintering grounds in southern Europe.
[2] "Sort sol" es un fenómeno natural en los pantanos al suroeste de Jutlandia, Dinamarca. Un gran número de estorninos migratorios cada primavera y otoño se congregan para desplazarse por los campos de invernada al sur de Europa.

Transient memory

Tracks drawn in jumps
through the wide world
snow on the screen

Memoria transitoria

Las huellas se arrastran a saltos
por el ancho mundo
nieve en la pantalla

Focus
The eye of the well
gives the night lobotomy
star nebulae is spread

Enfoque
El ojo del pozo le hace
lobotomía a la noche y
la nebulosa se expande

Busy blurr
busy beaver
beverage bury
blurry hindsight

Velo difuso
castor ocupado
cubre la bebida
retrospectiva borrosa

Undercurrent
Swans in droves while
the fjord cuts out of our
cliché of love

Corriente submarina
Bandadas de cisnes mientras
el fiordo escinde nuestro
cliché de amor

The dream wakes up
Absence of clouds in
the bankers smoky gray hesitation
never fills up

El sueño despierta
La ausencia de nubes en
la vacilación gris humo del banquero
nunca se llena

Home inspections at closing time
Turned again
Streets there were open across
Nothing hidden in the crowd

Inspección de la casa a la hora de cierre
Me di vuelta otra vez
Las calles estaban abiertas
Nada escondido en la multitud

Stumbling near
The shadow differs
from darkness and settles
for my feet

Casi a tropezones
La sombra se aleja
de la oscuridad y se deja
caer a mis pies

Winter
In the genetic
engineering of short days
frozen hints

Despite the melting of the poles
cell knowledge, sharing, growth

Invierno
En la manipulación genética
del corto día
ideas congeladas

A pesar del derretimiento de los polos
conocimiento celular, partición, crecimiento

Blind road
Starling blind black sun
at the bottom of the sea of air
finds insight and a way out

Camino ciego
Sol negro enceguecedor
al fondo del mar de aire
encuentra perspectiva y salida

Illuminated
To Martin Larsen

Dream of metal in
the flicker of the dead
beneath the eyelids

Flashes of light pass through
the cobwebs of glass nightmares
of those awakened

Iluminado
A Martin Larsen

Sueño de metal en
el parpadeo bajo
los párpados de los muertos

Destellos de luz pasan a través de
de las telarañas de las pesadillas de cristal
de los vivientes

Sospechoso
La vida se despliega
alrededor de raíces y esperanza
como el periódico envuelve al pescado

Whichcraft
The torture of weeping willows
under the skin in the
evasive beat of rain

Brujería
La tortura del sauce llorón
bajo la piel al ritmo evasivo
de la lluvia

Aroma
Holes in tea strainers
collect the scent of memory
on cellulite

Aroma
Un colador de té agujereado
recoge el aroma de la memoria
en la celulitis

Ecstatic memory
Contemporary nostalgia
wondering tongue tip in
the asshole raisin

Memoria extática
Nostalgia presente
pregunta en la punta de la lengua
del culo

Telepathy
Thoughts so balls
get humid and overnight
skin fills us up

Telepatía
Pensamientos que humedecen
los cojones la piel
de la noche nos llena

Orgasm
Hair on balls flicker
in the respiration of amniotic fluid
the sky at the tip

Orgasmo
El vello púbico vibra
en el aliento amniótico
el cielo en la cúspide

The cells divide and divide and die
after the door is opened for a series
of semen torn apart by a darkness
far older than the body
radiant into a greater.

Søren Ulrik Thomsen

Pulse Pulse

Geyser squirt from each
their own needle eye of cock
and cunt heart rate

Las células se dividen y una y otra vez y mueren

hasta que la puerta se abre a una serie

de semen desgarrado en una oscuridad

más antigua que el cuerpo

radiante en una mayor.

Søren Ulrik Thomsen

Pulso

El chorreo del géiser
de cada ojo de aguja del pene
y el pulso de la vagina

Winter born
The lust of light is dead
the loving aura of warmth
fertilizes darkness

Bebes de invierno
La lujuria de la luz está muerta
el aura amorosa de la calidez
fecunda la oscuridad

Water level
Life in rags
The shiny mirroring of summer
is gathered all the way to the buttom

Nivel del agua
La vida hecha pedazos
El reflejo brillante del verano
se junta al fondo

The resurrection backwards
Blackbird immersed
in the mystery od the worm
The gray cat takes it

Resurrection of life
in feathers on the vegetable bed

Resurrección al revés
El mirlo sumergido
en el misterio del gusano
El gato gris lo atrapa

Resurrección de la vida
en plumas sobre el huerto

Frost morning
The transformer
pulls hoarfrost fog across
the expectations

Mañana helada
El transformador
arroja neblina a pesar
de las expectativas

Autumn plans
The red leaves
falling in a dry place
are pouring it out

Planes de otoño
Las hojas rojas
descubren que
caen en un lugar seco

Glowing lava in icy darkness

The car slides through power outages in Mobergs emigrants and
Emil from Lönnebergs Småland, while needles of the pine branches
creep along the side of the car on the way to Åfors' promises of
open faces, cottage herring and a home's glowing oven heat.

Under Shrove Tuesday's
mask the breath is held as
snow that fell last year

The darkness of the conifers licks the car sides and expands to the
back of a Møbius band. The Realm of glass engulfed on the inside of
one of the black holes of the universe, through which the fluid
moment slides. Really sharing it before the language. And in a split
second we will preserve it to expand it and create with language the
memory of something else for the others that we are next time.

Share something completely
just before language - immediately gone
in the morning dream

We arrive quietly and steadily at Åfors' unexpected corona of warm,
bright light and cabin herring - in a vessel that has now been
reshaped and crystallized in the ship's imperishable clear darkness,
loaded with janus heads, faces, masks, ladders and bathing rings as
satellite homes .

The corona of light and darkness erupts at the speed of the universe in the direction of solar winds. And the cottage herrings are fried on the stoves

Ships, which are both memory, dreams, future and death, are recurring archetypal forms rooted in our history and memory dating back to the Viking Age and the Rock Carvings. Since 1963, Bertil Vallien from Åfors glassworks has sand-cast sculptures of them in metal and glass and changed the art of glass for ever.

"For me, the glass workshop is the center of everything. It's like scooping content out of a volcano and watching glowing lava turn to ice. Knowing the exact time when you can capture a shift in light or expression and snatch the glass from its secret is what it's all about. "

The vessel Phoenix
Cleavage of the glass vessel
in glowing darkness on
the course of liquid slag

Janus head
Double vision between
the ashes and the lava heart
burns in the eyes

Blind sight
Stone face cleaved
in coffin-smooth glass darkness
the fossil of the present

Lava ardiente en la fría oscuridad
El coche se desliza en medio de corte de energía entre los
emigrantes y Emil de Moberg en Lönneberg, Småland, esquivando
las ramas de los pinos al costado del camino la promesa de Åfor de
caras descubiertas, arenques en la cabaña y el calor ardiente del
horno de la casa.

Bajo la máscara de Carnaval
se contiene la respiración como
la nieve que cayó el año pasado

La oscuridad de las coníferas roza los costados del coche y se
convierte en el reverso de una banda de Moebius. El reino de cristal
envuelto al interior de uno de los agujeros negros del universo por
donde el fluido momento se desliza. Compartiéndolo de verdad
antes del lenguaje. Y en una fracción de segundo lo conservaremos
para expandirlo y crear con el lenguaje la memoria de algo diferente
para los demás de lo que seremos la próxima vez.

Compartir algo justo
antes del lenguaje – ausente
en el sueño de la mañana

Llegamos tranquilos y en silencio a la inesperada corona de calor, de
luz intensa y arenques de Åfors – en una embarcación, que ahora
se ha remodelado y cristalizado en el indeleble claro oscuro del
barco, cargado de cabezas de Jano, caras, máscaras, escaleras y
salvavidas como hogares satélites.

La corona de luz y oscuridad estalla con la velocidad del universo en dirección al viento solar. Y los arenques asados en lo horno.

Los barcos que son tanto memoria, sueños, futuro como muerte, son formas arquetípicas recurrentes arraigadas en nuestra historia y memoria desde la época de los vikingos y petroglifos. Desde 1963, Bertil Vallien de la vidriería de Åfors ha moldeado esculturas de barcos en grabado arenado en metal y vidrio transformando el arte del vidrio de forma permanente.

"Para mí, el taller de vidrio es el centro de todo. Es como sacar el contenido de un volcán y ver cómo la lava ardiente se convierte en hielo. De lo que se trata es saber el momento exacto en el cual capturar el cambio de la luz o la expresión y arrebatar el secreto del vidrio ".[3]

La embarcación Fénix
La escisión de la vasija de vidrio
en la oscuridad ardiente
del curso de la escoria líquida

---

[3] Bertil Vallien en Weekendavisen 6/12 2013

Cabeza de Jano
Visión doble entre
las cenizas y el corazón de lava
quema los ojos

Visión ciega
Cara de piedra escindida
como ataúd liso de vidrio oscuro
en el fósil del presente

Reaction
Earth's leak
Luminous water above
and beneath hope

Reacción
Fuga en el globo terráqueo
agua luminiscente sobre
y debajo de la esperanza

Signs of life
Voices in withered grass
on the edge of water surface's
blackening foam top

Signos vitales
Voces en el hierba marchita
al borde de la cima de la espuma ennegrecida
de la capa freática

Undercurrent of the heatwave
The heartbeat of heat
in pulsating melting to
the gargle of dreams

Corriente de calor subterránea
El latido del calor
en el derretimiento pulsante
del gorgoteo de los sueños

Hardly resignation
Make a difference
in history and now
narrow horror of winter

Apenas resignación
Marca una diferencia
entre la historia y el ahora
fuente de vida del paisaje invernal

Fibrilation
Sea anemones
echoes oxygen depletion of the pulse
in the eye of the storm

Bellos cilios
Las anémonas de mar hacen eco
de la pérdida de oxígeno del pulso
en el ojo de la tormenta

Dewed
The dew falls against
sloping roof erections
to the Milky Way

Lloviznoso
El rocío cae contra
erecciones de techos inclinados
 a la Vía Láctea

On shaky ...
Rocking silence
fanning away sparkling sun
foliage into morning

En el mecedor ...
El silencio mecedor
aviva el follaje resplandeciente
de la mañana

Shower operating instructions
In the memory felt
yesterday's imprint changes
in the foam of days

Manual de ducha
En el filtro del recuerdo
cambia la huella de ayer
por la espuma de hoy

Water in the phone

The police recently announced that you could not get in touch with them because they had water in the phone after a storm surge in Copenhagen

Help does not arrive
to the end of the rainbows
The way out calls

with water in the phone
occupied by drowning
dreaming mouths

Agua en el teléfono

La policía informó hace poco que no se les puede contactar porque había agua en el teléfono debido a inundaciones en Copenhague.

La ayuda no llega
al final de los arcoíris
La salida está llamando

Con agua en el teléfono
ocupado por ahogadas
bocas de ensueño

Branching
The shadow of the Naur hedge
spreads creeping out
through the root net

Below the top grows
dust mites and skin hunger into
the foundation

Hell are the others
in outstanding absence

Ramificación
La sombra del seto de Naur
se arrastra extendiéndose
por la red de las raíces

 Bajo la corona
los ácaros y en la base
la inanición de la piel

El infierno son los otros
en su ausencia incomparable

Shadow Play
In the midnight sun
insomnia shadow runs out
of my darkness

Juego de sombras
En el sol de medianoche
el insomnio se queda sin
la sombra de mi oscuridad

Insight
The room expanding
infinitely curving
together in itself

The puddle reflects
a selfdevouring heaven
without its windows

Intuición
El espacio se expande
infinitamente curvado
en sí mismo

El charco refleja
un cielo autodevorador
sin ventanas

The shadow of shooting stars
The shadow rises
from blue sighs of exited tracks
and takes the picture

The shadow that does not move away from the sun is bad
enough. But if it disappears completely beneath you, you have
no mirror image. The Gravballe man's brain is pupated in sex.
He does not sink into the bog but into every kind of black holes
in the universe. The dead point after the intense penetration
sucks you smaller than the tip of a needle, contracted before
the exhausting Big Bang, which swings faster and faster farther
and farther away despite gravity. New patterns of bone and
carnivorous growth are drawn by the unpredictable cherub
flight of butterflies.

A black hole whose light
are millions of blips
above grasp ability

photosynthesis
of dead stars keeps
us standing in a flash

La sombra de la estrella fugaz
La sombra surge
del suspiro azul de la huella desgastada
y toma la foto
La sombra que no se aleja del sol ya es bastante mala. Pero si
desaparece debajo de ti, no habrá un reflejo tuyo. El cerebro del
hombre de Gravballe se encapsula en sexo. No se hunde en el
pantano sino en todo tipo de agujeros negros del universo. El
punto muerto después de la intensa penetración te succiona
menos que la punta de una aguja contraída antes la explosión
del Big Bang que arroja todo cada vez más rápido y más lejos a
pesar de la fuerza de gravedad. Nuevos patrones de crecimiento
óseo y carnívoro son dibujados por el vuelo impredecible
querubín de las mariposas.

Un agujero negro cuya luz
está a millones de destellos
por sobre la comprensión

La fotosíntesis de las estrellas
muertas nos sostiene
en un instante

Guide in sand
Sandblasted card signs
of the course of landscapes -
long ago derailed

The glass swallows light
Black rim of eye sockets
marks the way

Guía en la arena

Cartografía pulida por arena
del recorrido de los paisajes -
hace mucho tiempo desviados

El cristal absorbe la luz
El borde negro de la cuenca de los ojos
marca el camino

Absent tracks
Steps have sunk in
the floor and fades out
in scattered presence

Pasos ausentes
Los pasos se hunden
en el piso y se desvanecen
en la presencia diseminada

Inevitably
Short of breath silence
in seclusion togetherness
with what we avoid

Inevitable
Silencio sin aliento
en convivencia blindada
con lo que evitamos

Crackling Hunger
Between the lines
skinless hunger is recharged
at insecure length

Hambre crispante
Entre líneas
el hambre descarnada aumenta
a una distancia incierta

Cut off
Lilacs behind the hedge
focus on the refraction of
long lines all of a sudden

Arrancado
Las lilas detrás del seto
se agrupan en largas hileras
refracción en un ahora

Spring in the air?
Rotting of orchids
Blackening silence in
winter sun on panes

The corona of the eclipse
subdued solar explosions

¿Primavera en el aire?
Las orquídeas marchitas
ennegrecido silencio
del sol invernal en el cristal

La corona del eclipse
subyuga la explosión solar

Pattern breaking
From the dwarfism of walls
grows scallions and sunspots
beyond the frame

Ruptura del patrón
Del enanismo de la pared
crecen cebolletas y manchas de sol
más allá del marco

Expectation
Yellow tulips
in the abdomen snow slush
still life in the window

Expectativa
Tulipanes amarillos
en el rocío del vientre
naturaleza muerta en la ventana

The visions swirl
The visions swirl
Like flies on shit. Shit!
I'm going to the sauna

Zumbido
Las visiones zumban
como moscas en la mierda. Mierda
tengo que ir al sauna

Summer twilight
The warm yellow rapeseed
smoldering below and above
the sunset

Crepúsculo de verano
El amarillo cálido de la canola
arde bajo y sobre
la puesta de sol

Climbing roses
The late flowering of memories
in snow that does not fall
in the thin air

Rosas trepadoras
Floración tardía de recuerdos
en la nieve que no cae
en el fino aire

Under construction
Yellow sixties buildings
square hope frames the
silent absence of all

En construcción
La esperanza cuadrada
del edificio amarillo de los sesenta enmarca
la ausencia silenciosa de todo

Flicker
Yesterday still
pops up behind the forehead -
dipped in tar and syrup

Parpadeo
El día de ayer todavía al acecho
detrás de la frente – sumergido
en alquitrán y almíbar

Present absence
The presence in your
and my dream. So real that
we never got out

Maybe it still embraces
us blind and deaf-mute

Ausencia presente
La proximidad de
tu sueño y el mío. Tan real que
nunca despertamos

Quizás todavía nos abraza
ciego y sordomudo

Timeless
Resounding darkness
of the last glance chops
time to a stand still

Atemporal
La rotunda oscuridad
de la última mirada
detiene el tiempo

Twilight

Grief rages in
broad daylight. The pain deafens
the fingertips of night

Crepúsculo

La pena hace estragos a
plena luz del día, El dolor ensordece
la punta de los dedos de la noche

It darkens deeper
The pain dulls dreams
the grief will find itself in

broad night light

Oscuridad profunda
El dolor embota los sueños
la pena se encontrará
a plena luz de la noche

Nightfall
In the moonlight the
snow so pale with memories
that blood turns black

Anochecer
A la luz de la luna
la nieve tan pálida de recuerdos que
la sangre se va a negro

Deprivation
The grief comes again
and again untimely
until you love it
Then it settles down at home
by the embers of absence

Privación
El dolor inoportuno
vuelve una y otra vez
hasta que lo amas

Entonces se asienta en casa
frente a la hoguera de ausencia

Weightless
The gravity of senses
creeps away from the grief that
silently takes off from yesterday

Levedad
La gravedad de los sentidos
se aleja del dolor que
en silencio se desprende de ayer

Winter morning air
Unreasonably uplifted
by the night frost on the roof
in dimming moon reflection

the cloud of breath stands out of
thoughts in shock, white and red

Aire de mañana de invierno
Elevado sin razón
por la escarcha nocturna en el techo
en el reflejo de la luna

la nube de aliento destaca los
pensamientos en shock, blanco y rojo

The wonder of life
Nobody's bother
illuminates blue flakes of dream
between death and stone

Las maravillosas de la vida
sin esfuerzo
ilumina el sueño de copos azules
entre la muerte y la piedra

Sparkler
The grip of dawn in
the steep erection of the dorsal arch
towards the Milky Way

Bengalas
La cúspide del amanecer
en la empinada erección del arco dorsal
hacia la Vía Láctea

Doomsday angel
Butterfly wings
on the verge of the globe
scales the horizon

Ángel del fin del mundo
Alas de mariposas
al borde del globo
sopesa el horizonte

Real farewell?
The pain in still
more distant glossy open eyes
zooms out in a dot

¿Verdadero adiós?
El dolor en los brillantes ojos abiertos
cada vez más distantes
se aleja en un punto

Out of orbit
The line for faces
facing all sides
and to nowhere(

Longing is emptiness
that arrogantly denies
our living love

It ties together
in insatiable attraction without
widths and boundaries

Infinite and
intangible with
death in the foreground.

Trying to sneak me
past - in to you in talk
with someone behind me

Zapper on to
your furious year of birthgiving,
the funeral yesterday

your bubbling
sharp outbursts in the ear
unfolds

Insufficient
the lava plains grow
The sweaty skin of the globe

Pain zooms
lovingly angry eyes out
before the Big Bang

No more hands
to keep the dragon's firestorm from
flashing and drowning all

The meaning of the meaning
fades in and out - sundew on skin
breaks the circuit of the circle

Fuera de órbita
Las cuerdas de las caras
se vuelven a todos lados
y a ninguna parte

El anhelo es el vacío
que niega arrogantemente
nuestro amor intenso

Se apega a la
atracción insaciable
sin más preámbulos

Infinito e
intangible con
la muerte en primer plano.

Tratando de pasar
entre ustedes y hablar
con alguien detrás *mío*

Continúa zapeando
en tu furioso año de parto,
el funeral de ayer

tu burbujeante
estallido agudo del oído
se expande

Insuficiente
las llanuras de lava crecen
La piel sudorosa del planeta

El dolor aleja
los ojos amorosamente enojados
antes del Big Bang

No hay nadie que
evite que la tormenta de fuego del dragon
encandile y ahogue todo

El significado del significado
aparece y desaparece – el rocío de sol en la piel
rompe el circuito del círculo

Nature of the journey
The liquid sun
we anchor in the fleeting
shadows of clouds

La naturaleza del viaje
El sol liquido en que
nos anclamos en las nubes
sombras fugaces

Postscript: A twist in Danish modernism with Danish haiku
The Japanese form of poetry, haiku, was the inspiration to renew
Western avant-garde poetry in the wake of the crisis of imperialism,
monarchies and conservative Europe and the consequent
disillusionment around World War I in such diverse tracks as
imagism, dadaism, futurism, ultraismo and surrealism and again
after the collapse of civilization in World War II with the Latin
American concretists and the Beatpoets in the United States, who
were both critical of civilization and convention.

Haiku is popularly known as poems that must consist of 17 syllables,
be about the seasons of nature and take place in the present.
However, that is not the core. Instead it is haiku's short rhythm as a
breath, the poem's use of synesthesia, haiku's essence yūgen (the
hint of that which goes beyond what can be directly sensed and
formulated but still is of this world) and the poems' use of the break
/ pause (kireji) in the rhythm and content - often using the parallel
juxtaposition of asymbolic, different images of reality- This is what
inspired modern Western poetry and brought about a fruitful
interplay between Western haiku and modernism.

Haiku in Denmark
Danish poetry first took part in this after World War II, inspired by
the Beatpoets' Cold War uprising and counterculture in particular.
Before that, however, in 1910 the Danish Nobel laureate Johannes V
Jensen published a single haiku poem inspired by his visit to China
and Japan, 1902-03:

Envoi
Now the Elder is spreading
its cool Hands
towards the Summer Moon.

In Denmark, haiku was briefly introduced by the multi-artist and
tennis star Torben Ulrich in the magazine Bazar from 1958. But first
Hans-Jørgen Nielsen's publication of a sample in Hvedekorn no. 5 in
1961 and the book Haiku, an introduction and 150 recomposings
from 1963 triggered a broader haiku influence on modern Danish
poetry. His own interpretation is marked by the confrontation with
post-war modernism, especially its metaphors and metaphysics and
by the fact that he is heading towards concretism and attitude
relativism. Since then, various poets such as Jørgen Sonne, Ivan
Malinowski, Susanne Jorn, Susanne Brøgger, Niels Hav, Henrik
Nordbrandt and Pia Tafdrup have all written haiku characterized by
their personal lyrical project.

Dan Turéll and Peter Laugesen

From the late 60s, the poets Dan Turell, Peter Laugesen and Klaus
Høeck were strongly inspired by the American Beatpoets, Zen
Buddhism and haiku. They all write haiku poems mixed into their
other poetry throughout their authorships.

Dan Turéll's authorship was a continuous unlimited and unfinished
text, which was largely mixed with the staging of his life. It includes
haiku as open fragments that show beyond themselves. E.g. in this

typical Zen Vesterbro cowboy haiku about the world, the self and the imagination in that order:

Where does it start where do I start

   where does Batman begin

It is obvious that the structure of the order itself makes the questions superfluous and ridiculous, at the same time. With the surprising turn (kireji) into the imagination at the end - a twisted question mark is placed on the conventional way of thinking that there are clear separations and differences between the three.

Peter Laugesen's authorship is marked by the sabotage of any kind of stagnation and stuck idiom. The scripture must be open. In contrast to the 'autonomous work' of neocriticism he emphasizes the flow, the process in which the poetry from the here and now unfolds spontaneously into the indefinite. E.g. in this from the collection *It is only a papermoon*:

The body is a wall
that nearly is'nt there
between total languages

His haiku insists on an all-embracing both-and instead of contradictions between concrete-abstract, flat-sublime, banal-complex. They are characterized by shifts from the trivial to the most profound and vice versa. What Per Kirkeby called the 'trivial slip'. This is what the haiku turn (kireji) takes the form of in

Laugesen's haiku. That's how they capture the essence of haiku, the yūgen: the subtle depth of that which can only be hinted at without reference to another world.

As haiku became widespread in the rest of the world, seasonal words (kigo) and other classical formal requirements became incomprehensible and redundant.

The foundation of the Danish Writers' Association's Haiku Group

In 2001, the Danish Writers' Association's Haiku Group and the network were founded by Hanne Hansen, Niels Kjær, Kate Larsen and Sys Mathiesen. They were all avid haiku poets. Since then, several haiku collections of poems have been published in Danish. The group, which now has about 40 haiku writers, has played an important role in spreading the knowledge of haiku.

A special activity was the Poet's Gift, edited by i.a. Viggo Madsen: from the Second of January 2006 and 13 months onwards, the daily newspaper Information published a haiku every day. A total of 330 Danish haiku. Here some authors and the reding public wrote their first haiku. Amongst others the prominent Danish poet Marianne Larsen:

Shall we wake up wildly
a quiet highway night
and be snowflakes

Here Thorvald Berthelsen also made his debut as a haiku poet with this haiku:

Glass Moon
Glass moon on snow
the white incision of skinlessness
blunt the day

After this, both Henrik Nordbrandt, Pia Tafdrup and others published haiku in 2007 and beyond. In Boomerang, Pia Tafdrup manages to express the existential project of her poetry, which seeks the whole and does not stop at the momentary union of dissonance of the opposites between the self and the outside world. Instead, she writes about the possibility of change. Word-based sensing emerges through connections of pure abstractions.

The waiting time – a
parentheses that grows to
miles of wonder.

This haiku is mostly abstract words. But the glide (kireji), from the state, the waiting time, over the unstable paradox of a parenthesis that grows, to the mile-wide wonder, creates a strong sensory impression of something as elusive as time through the composition of abstractions and sensing. And it turns it in the process into a fruitful continued interaction between us and our surroundings.

In 2011, the Danish Writers' Association's Haiku Group published its 10-year anniversary anthology Blade i Vinden (Leaves in the wind)with haiku by 25 Danish poets, edited by Bo Lille, Benny Pedersen and Bjarne Kim Pedersen.
In the 20-year anniversary anthology, Fandens mælkebøtter (The Devil's Dandelions), 9 new poets are included. It is edited by Helge Krarup, Benny Pedersen and Bjarne Kim Pedersen with a broad approach: "A haiku is an emotional now that connects the inner nature with the outer... a microcosm that reflects the salt of the world".

Thorvald Berthelsen participated in both of them, among other things with the following about the grief over his wife's death in the latter. It turns both up and down and simultaneously zooms in and out on love and anger, time, eternity and nothingness, life and death, painful reality and adventure:

Your moon face
Pain zooms
lovingly angry eyes out
before the Big Bang

In 2012, Thorvald Berthelsen and Hanne Hansen arranged Haikugruppen's joint reading with EU President of the Council of Europe Herman van Rompuy during the EU summit in Copenhagen. Since then, Danish Haiku Today has been published, edited by Thorvald Berthelsen. In 2019 with a Danish-English introduction of 43 living Danish haiku poets.

Differences in haiku poetry

Some of the Danish haiku poets deal with nature, the seasons and other topics that are also used by the Japanese haiku classics. And they do so in a language and syntax that is close to the English-language conception of traditional haiku. Eg. Hanne Hansen, who was the founder and chairman of the Haiku group in the Danish Writers' Association until 2021. Her classic haiku has a special Danish humorous twist that is completely her own:

the light of the chestnuts
white flowers with fresh green
they have recovered

The haiku of the priest and theologian Niels Kjær, of course, achieves the yūgen by pointing to the other world as the hint of what cannot be sensed and formulated directly. The following haiku by Niels Kjær describes the miracle of rebirth or resurrection by moving from the concretely sensed moment with a turn / a break (kireji) into the supernatural and back again:

A light in the dark -
First Sunday of Advent
waking the dead

Advent is Adventus Domini (coming of the Lord) which is both preparation for the birth of Jesus and the expectation of his return, where "the dead wake up". At the same time, it is also a memory of deceased parents lighting the first candle in the childhood Advent wreath that awakens.

Other poets write haiku that violates many of the main rules of the Japanese and classical Western haiku tradition. An increasing number of contemporary haiku poets are more rooted in modern Danish and Western poetry than in classical haiku poetry. For example:

Viggo Madsen for whom it is characteristic that the transition between his poetic aphorisms and short poems to the actual haiku poems is very fluid:

A sky of Italian marble
butcher's counter
oh, how I need
you!

Here, neither traditional line division nor number of syllables in haiku poetry is respected. The poem is not about nature, and the poet is very much present in his own bloody person. Incidentally, it does not take place in a concrete moment in the present, rather in a dream time. And the surprising turn (kireji) that throws new experience and realization back and forth in the poem takes place fluidly after each line. The twists turn linguistically upside down on the concrete and abstract, as well as the image of expression and the metaphor.

Johannes S. H. Bjerg is an internationally known Danish haiku poet. He has published haiku collections in English and Danish and in international anthologies. Bjerg writes haiku in the new avant-garde gendai style:

words that take time leaf fall

Here it is the very physical extent in the meaning of the words leaf fall that provokes the turn (kireji) which illuminates the poem with a realization in a moment that stretches the language from microcosm to macrocosm.

In addition to writing haiku of all kinds in Danish and English, Mona Larsen is a jazz singer, composer, artist and poet. The language is mostly calm everyday language almost understated without, however, to shy away from big words and concepts. Through the shifts in everyday language and the shift in focus, she uses haiku poetry to achieve 'a microsecond / of cognition':

At the moment
recognition of death
the day untouched

Mona Larsen always follows the classic Western European rules where a haiku is in 3 lines with 5, 7 and 5 syllables respectively. But her way of building up to the haiku moment by using the pause or turn (kireji) is different and emphasizes that a haiku follows the rhythm of breathing. The pause or turn is not placed exactly between two words or in a particular word. This catalyst for the poem's new realization in the microcosm of the moment is in her case a wave that overturns and calmly passes into its new bed. Or the breath that goes from the top of the inhalation into what is ultimately the clear exhalation.

Thorvald Berthelsen also belongs to this group. He has published 7 collections of poems and haiku and has been translated into 13 languages. He has further more edited anthologies like StORDstrømmen 2015 and Ny lyrik from Bosnia-Herzegovina, which received the award for best editing at the Sarajevo Book Fair in 2019. He has also written about the development of Danish haiku in several international publications such as POV international, the Kurdish Haikuîst and on the Haiku Foundation's WEB portal. In 2021, he has published Danish Haiku's literary history, DANISH HAIKU AND MODERNISM. The following is another example of his haiku:

Behind the looking glass
In a place for
nobody grass is meeting
butterfly scales

Alice in Wonderland encounters a surrealism, where the twist (kireji) in the poem is subtly enough present or perhaps not with the words butterfly scales. If the title had not been there, the haiku poem could be read as a naturalistic description of desolate steppes. But the title gives the twist more meaning into the poem with a recognition of the moment, which puts it in perspective in the poem's microcosm and with the associations shows beyond the poem towards an intangible creation behind the destructive zero point of self-reflection.

During the development of Danish haiku poetry, both the Beatpoets in the United States and Zen Buddhism have played a smaller and smaller role. There are many different opinions on what a haiku poem is. And every time it is about to solidify into a form language, haiku is renewed faster and faster. Central is that a haiku puts a moment in perspective in its microcosm by means of a turn (kireji) that expands the experience and opens out towards the macrocosm and the reader. The poets implement it in line with their individual lyrical project. And all Danish haiku poets have been more or less deeply influenced by modern Danish poetry over the last 60 years. And this is especially true for the poet of this book:

Beside itself
The haiku isn't
itself. It constantly passes
on the word

Epílogo: Un giro en el modernismo danés al haiku danés

La forma de poesía japonesa haiku ha sido una inspiración en la renovación de la poesía de vanguardia occidental a raíz de la crisis del imperialismo, las monarquías, y la Europa conservadora y la consiguiente desilusión en torno a la Primera Guerra Mundial en diferentes direcciones como el imagismo, dadaísmo, futurismo, ultraísmo y surrealismo, y nuevamente después del colapso de la civilización de la Segunda Guerra Mundial, con el concretismo latinoamericano y los poetas beat de USA, ya que ambos eventos fueron crisis de convenciones y de civilización.

Popularmente, el haiku se conoce por ser poemas que constan de 17 sílabas sobre las estaciones del año que tienen lugar en el presente. Sin embargo, ese no es lo principal. Por el contrario, el ritmo corto del haiku como un suspiro, la mezcla sintetizada del texto, la esencia *yūgen* del haiku (la evocación de ir más allá de lo que es posible formular pero que sigue siendo parte de este mundo), el uso de la quiebre/ la pausa (*kireji*) en el ritmo y el contenido – a menudo utilizando la yuxtaposición de diferentes imágenes no simbólicas de la realidad en un todo – lo que inspira la lírica moderna occidental y produce una fructífera interacción entre el haiku occidental y el modernismo.

Haiku en Dinamarca

La poesía danesa aparece después de la Segunda Guerra Mundial inspirada por la rebelión y contracultura de los poetas beat durante la Guerra Fría. Con anterioridad, Johannes V Jensen había publicado una sola poesía haiku después de su visita a China y Japón en marzo de 1902:

Envoi

Ahora el saúco extiende
sus manos de golondrinas
hacia la luna de verano

En Dinamarca el haiku es introducido por el multi-artista y tenista estrella Torben Ulrich en la revista Bazar en 1958. En 1961, Hans-Jørgen Nielsen publica una interpretación del haiku japonés en la revista *Hvedekorn* N º 5 y el libro *Haiku* en 1963. Una introducción y 150 adaptaciones poéticas producen una gran influencia del haiku en la poesía danesa moderna. Su propia interpretación se caracteriza por la crítica al modernismo de postguerra con sus metáforas y metafísica y su inclinación por el concretismo y actitud relativista. Luego, poetas tan diferentes como Jørgen Sonne, Ivan Malinowski, Susanne Jorn, Susanne Brøgger, Niels Hav, Henrik Nordbrandt y Pia Tafdrup escriben poesía haiku caracterizada por sus propios proyectos poéticos personales.

Dan Turéll y Peter Laugesen

Desde fines de los 60, los poetas *Dan Turell, Peter Laugesen* y *Klaus Høeck* se sienten fuertemente inspirados por los poetas beat norteamericanos, el budismo Zen y el haiku. Escriben poesía haiku como parte de su obra poética a lo largo de toda su vida de escritores.

La obra de **Dan Turéll** es un texto continuo, ilimitado e inacabado
que en gran medida está entretejido con la puesta en escena de su
vida, en la que el haiku se presenta como fragmentos abiertos que
van más allá de sí mismo. Por ejemplo, en este haiku cowboy Zen de
Vesterbro típico habla acerca del mundo, el yo y la representación:

Dónde empieza eso dónde empiezo yo
dónde empieza Batman

Es evidente que el orden de la estructura por sí sola hace que las
preguntas sean superficiales y ridículas, al mismo tiempo que es –
con el giro exagerado *(kireji)* de la figura final – un cuestionamiento
burlesco al pensamiento convencional de clara diferencia y distancia
entre los tres.

La obra de **Peter Laugesen** está marcada por el sabotaje a toda
forma fija y clausura del lenguaje.
El texto tiene que ser abierto. Al contrario de la obra "autónoma"
de la nueva crítica, pone acento en el flujo, en el proceso, donde la
poesía del aquí y el ahora se desenvuelve en forma espontánea en
lo indefinido. Un ejemplo de la antología *Det er kun en måne af
papir* (Solo hay una luna de papel):

El cuerpo es un muro
que mal existe
entre lenguajes totales

Su haiku insiste en un todo que abarca "tanto… como" en lugar de contradicciones entre lo concreto y lo abstracto, lo común y lo sublime, lo banal y lo complejo. Se caracteriza por el cambio de lo trivial a lo más profundo y viceversa. Lo que Per Kirkeby llama "deslizamiento trivial". Aquí el giro haiku *(kireji)* toma forma en el haiku de Laugesen, captando la esencia del haiku, yūgen: su profundidad sutil, que solo se puede insinuar sin referencia a otro mundo.

A medida que el haiku se generaliza en el resto del mundo, los términos relativos a las estaciones del año *(kigo)* y otros requisitos formales se vuelven incomprensibles y superficiales.

Creación del Grupo Haiku de la Asociación Danesa de Escritores

En 2001 es fundado el Grupo Haiku de la Asociación Danesa de Escritores por Hanne Hansen, Niels Kjær, Kate Larsen y Sys Mathiesen, todos ávidos poetas haiku. Desde entonces, se han publicado varias antologías de poemas en danés. El grupo compuesto de unos 40 autores de haiku, sigue desempeñando un papel importante en la difusión del conocimiento del haiku.

Una actividad especial fue *DIgtergaven* (El regalo de los poetas) editado por Viggo Madsen que consiste en la publicación de un poema diario en el periódico *Information* durante 13 meses a partir del 2 de enero del 2006. En total 330 poemas haiku, algunos de los cuales son el primer poema haiku de su autor. Entre ellos Marianne Larsen:

despertemos de repente
en una tranquila noche de autopista
siendo copos de nieve

Aquí debuta Thorvald Berthersen como poeta con el siguiente poema haiku:

Luna de cristal
Luna de cristal en la nieve
lobotomía en carne viva
trunca el día

En el 2007 tanto Henrik Nordbrandt, Pia Tafdrup y otros poetas publican haikus. En *Boomerang* Pia Tafdrup logra expresar el proyecto existencial de su poesía que busca el todo y no se detiene en momentos de disonancia ligados a las contradicciones del yo y el mundo exterior. En cambio, desarrolla la posibilidad del cambio. La sensación de la creación de las palabras se despliega a través de las articulaciones de abstracciones puras.

La espera – un
paréntesis que crece
kilómetros de maravilla

Este haiku está compuesto en gran parte de palabras abstractas. Pero el deslizamiento *(kireji)* de condición, espera la paradoja inestable en un paréntesis que crece (la maravilla de kilómetros de largo), creando una fuerte impresión sensorial de algo tan intangible como el tiempo a través de la composición de abstracciones y sentido, convirtiéndolo en el proceso de una interacción continua y fructífera entre nosotros y nuestro entorno.

En el 2011 el Grupo Haiku de la Asociación Danesa de Escritores publica la antología *Blade i Vinden* (Hojas al viento) en conmemoración del 10º aniversario, compuesta por 25 poetas daneses y editada por Bo Lille, Benny Pedersen y Bjarne Kim Pedersen.

La antología del 20º aniversario, *Fandens mælkebøtter* (Malditos dientes de león), editada por Helge Krarup, Benny Pedersen y Bjarne Kim Pedersen, incluye 9 nuevos poetas. La antología representa amplia aproximación a la definición de la poesía haiku: "un haiku es un ahora emocional que articula la naturaleza interna con la externa... un microcosmos que refleja el universo".

Thorvald Berthelsen ha participado en ambas antologías, en la última con el siguiente haiku acerca del dolor por la muerte de su esposa. Vuelve el mundo al revés, se acerca a la vez que toma distancia del amor y la ira, el tiempo, la eternidad y la nada, la vida y la muerte, la dolorosa realidad y la aventura:

Tu cara de luna
el dolor se aleja
amorosa ira en los ojos
antes del Big Bang

En el 2012 organiza Thorvald Berthelsen y Hanne Hansen una
lectura poética con Herman van Rompuy, el presidente del Consejo
Europeo durante una cumbre europea en Copenhague. A partir de
ese momento, Thorvald Berthelsen ha editado y publicado *Danish
Haiku Today* hasta el presente. En la publicación del 2019, introduce
43 nuevos poetas haiku daneses contemporáneos.

Diferencias en la poesía haiku

Algunos de los poetas daneses de haiku tratan la naturaleza, las
estaciones del año y otros temas que también pertenecen a los
clásicos japoneses del haiku, sin embargo, lo hacen en un lenguaje y
sintaxis que se aproxima a la concepción inglesa del haiku
tradicional. Por ejemplo, el haiku clásico de Hanne Hansen, quien
fuera fundadora y presidenta del Grupo Haiku de la Asociación de
Escritores Daneses hasta 2021, tiene un toque humorístico danés
especial que es completamente suyo:

las castañas de claras
flores blancas con verde fresco
se han recuperado

El haiku del pastor y teólogo Niels Kjærs logra claramente el *yūgen* al insinuar lo que no se puede sentir o formular directamente, mostrando precisamente otro mundo. El siguiente haiku de Niels Kjær describe la maravilla del renacimiento o la resurrección, pasando del momento sensorial concreto con un giro/un quiebre *(kireji)* al otro mundo y de regreso:

Una luz en la oscuridad –
el primer domingo de Adviento
despiertan los muertos

Adviento es Adventus Domini (La venida del Señor), y es tanto la preparación del nacimiento de Jesús como la expectativa de su regreso, donde "los muertos despiertan". Al mismo tiempo, también es un recuerdo del encendido de la primera luz por los padres fallecidos en las coronas de adviento de la infancia que se despiertan.

Otros poetas escriben haiku que se aparta de la mayoría de las reglas de la tradición japonesa y occidental del haiku. Un número creciente de poetas haiku contemporáneos están más arraigados en la poesía haiku moderna danesa y occidental, por ejemplo:

VIggo Madsen, cuya característica es la transición fluida entre sus aforismos poéticos y poemas cortos a los poemas haiku.

Un cielo de mármol italiano

degolladero
¡oh, cuánto te
extraño!

Aquí no se respeta ni la versificación ni la métrica tradicional de la poesía haiku. El poema no se trata de la naturaleza y en gran medida el poeta está presente en carne y hueso. Además, el poema no tiene lugar en un momento determinado en el presente, sino más bien en un momento de ensueño. Y el giro sorpresivo (*kireji*) que proyecta nueva experiencia y reconocimiento de ida y vuelta en el poema tiene lugar de forma fluida de un verso al otro. Los giros revierten lingüísticamente lo concreto y lo abstracto, junto con la imagen y la metáfora.

Johannes S. H. Bjerg es un poeta haiku danés de renombre internacional que ha publicado antologías de haiku en inglés y danés como también internacionales. Bjerg escribe haiku en el nuevo estilo *gendai* de vanguardia:

una palabra que lleva tiempo de defoliación

Aquí es la extensión física del significado de la palabra defoliación lo que provoca el giro *(kireji)* que ilustra el poema con el reconocimiento de un momento que se extiende del lenguaje del microcosmos al macrocosmos.

Además de escribir haiku de todo tipo en danés e inglés, **Mona Larsen** es cantante de jazz, compositora, pintora y poeta. Su lenguaje es en su mayoría cotidiano y sereno, casi subestimado, evitando sin embargo, grandes palabras o conceptos. A través del lenguaje cotidiano de los desplazamientos y cambios de enfoque del lenguaje cotidiano, utiliza el poema haiku para lograr "un microsegundo / de reconocimiento":

En este momento
reconocimiento de la muerte
el día intacto

Mona Larsen sigue siempre las reglas de Europa Occidental donde el haiku tiene 3 líneas de respectivamente 3, 7, 5 sílabas. Sin embargo, su modo de crear el momento haiku al usar la pausa o el giro *(kireji)* es diferente y enfatiza que el haiku sigue el ritmo de la respiración, y no ubica la pausa y el giro entre dos palabras o en una palabra definida. Este catalizador del nuevo reconocimiento de la poesía en el instante del microcosmos es en su caso una ola que revienta y tranquilamente vuelve a su nuevo nivel. O la respiración que del tope de la inspiración pasa lentamente a la espiración.

Thorvald Berthelsen, que también pertenece a este grupo, ha publicado 7 antologías de poesía y haiku muchas de las cuales se han traducido a 13 idiomas.
Además, ha editado las antologías *StORDstrømmen 2015* y *Ny lyrik fra Bosnien-Hercegovina*, que obtuvo el premio a la mejor edición

en la feria del libro de Sarajevo en 2019. Berthelsen también ha escrito sobre la evolución del haiku danés en varias publicaciones internacionales como *POV International*, la publicación kurda *Haikuîst* y en el portal WEB de *Haiku Foundation*. EN 2021 publica la historia de la literatura del haiku danés, DANSK HAIKU OG MODERNISME (El haiku danés y el modernismo). El siguiente es un ejemplo más de su poesía haiku:

Detrás del espejo
En un lugar donde
nadie quiere estar se encuentra
la hierba con el polvo de la mariposa

Alicia en el país de las maravillas se encuentra aquí con el surrealismo, donde el giro *(kireji)* del poema es lo suficientemente sutil o quizás no tanto con la expresión "polvo de mariposa". Si no hubiera habido título, el poema haiku podría haberse leído como una descripción naturalista de una estepa desierta. Pero el título le da un giro produciendo varios significados en el poema y reconociendo el momento que lo pone en perspectiva dentro del microcosmo del poema, y con las asociaciones muestra más allá del poema una creación intangible detrás del punto cero destructivo de la autorreflexión.
Durante la evolución de la poesía haiku danesa, tanto los poetas beat de los Estados Unidos como el budismo Zen han desempeñado un papel cada vez menor. Hay muchas opiniones diferentes sobre lo que es un poema haiku. Y cada vez que el poema tiende a fijarse en

una forma lingüística, haiku empieza rápidamente a renovarse. Lo importante es que el haiku pone un momento en perspectiva dentro de su microcosmos con la ayuda de un giro *(kijeji)* que expande la experiencia y se abre hacia el macrocosmos y el lector. Los poetas lo traducen acorde con sus proyectos poéticos e individuales. Todos los poetas haiku, incluyendo el poeta de este libro, están más o menos influenciados por la lírica danesa moderna de los últimos 60 años.

Fuera de sí mismo
El haiku no es en
sí mismo. Pasa constantemente
la palabra